خاصة - مدرسة للعلوم الإسلامية والبحوث العلمية

مدرسة دار سيما: المنهج الدراسي

تعليم اللغة العربية لغير الناطقين بها ١

دار سيما - الكلمات (كتاب ١)

Academic `*alamiyyah*

একাডেমিক আরবি কোর্স

Arabic Course

Arabic Curriculum - Level One - Module 1 (Vocabulary Retention)

تأليف: خادم الدين بن يونس السريع

লিখেছেন: খাদেম আল দীন বিন ইউনিস

مشروع دار عقيدة الإسلام للنشر والتوزيع

مدرسة دار سيما: المنهج الدراسي تعليم اللغة العربية لغير الناطقين بها ١

دار سيما - الكلمات (كتاب ١)

দার সিমা স্কুল - পাঠ্যক্রম - আরবি পড়ানো সিমা হাউস - (বই 1)

Academic `*alamiyyah*

Arabic Course

بِسْمِ اللّٰهِ الرَّحْمٰنِ الرَّحِيمِ

إنما الأعمال بالنيات

Academic `alamiyyah - Arabic Course - Level One - Module 1 - (Vocabulary Retention)
Published Independently
K. A. © 2019
Copyright © 2020

مدرسة دار سيم: المنهج الدراسي

تعليم اللغة العربية لغير الناطقين بها ١

دار سيما - الكلمات (كتاب ١)

Academic `alamiyyah

Arabic

Course

Arabic Curriculum - Level One - Module 1 (Vocabulary Retention)

تأليف: خادم الدين بن يونس السريع

Arabic Language Teaching & Learning for Non-Arabic Speaking Students

Contents Page

Few words from the author

بسم الله الرحمن الرحيم

In the Name of Allah the Most Gracious the Most Merciful

الحمد لله الحي القيوم الذي علم بالقلم و علم الإنسان ما لم يعلم وصلى الله على المصطفى محمد
بن عبد الله صلى الله عليه و على آله و صحبه وسلم أما بعد:

Indeed all Praise belongs (and is due to) to Allah, we seek His help and His forgiveness. We seek refuge with Allah from the evil of our own souls. Whomsoever Allah guides none can lead astray and whomsoever Allah leaves astray no one can guide. I bear witness that there is no deity worthy of worship except Allah alone and I bear witness that Muḥammad is His slave and His Messenger.

***

Abdullah bin Masood (may Allah have mercy on him) said: "Knowledge is not having a large amount of Knowledge but Knowledge is having fear (of Allah)". May Allah grant us fear of Him and may He grant us a good ending. May Allah make our graves a garden from the Gardens of Paradise.

***

أسأل الله الكريم رب العرش العظيم أن ينفع العالم والمسلمين كلهم بهذا العمل الصغير وأن يكتب لنا حسن الخاتمة وأن يكتب لهذا الكتاب القبول في الأرض وأن يغفر لنا و لإخواننا وأبنائنا وزوجاتنا ووالدينا وأن يدخلنا الجنة بغير عذاب ولا حساب.
وصلى الله على نبينا محمد و على آله وأصحابه أجمعين.

K. A.

Dar SEMA Academic `alamiyyah - Arabic Course - Book One - Module 1 - (Vocabulary Retention)

مُشْطٌ - اَلسِّكِّيْنُ - سَفِيْنَةٌ - مِقَصٌّ

سُفُنٌ - قَدَمٌ - اَلْمِنْطَقَةُ - اَلْمُدُنُ

دَائِرَةٌ - شَمْسٌ - سُوْرٌ - حَبْلٌ

قَلَم رَصَاص - دَلْو - ثَوْرٌ - اَلْعَجَلَةُ

اَلسَّنَوَاتُ - اَلْعِيْدُ - أَمْرِيْكَا - هَذَا - بَيْتٌ

مَسْجِدٌ - مَسَاجِدُ - اَلْبَابُ - كِتَابٌ

مِفْتَاحٌ - مَكْتَبٌ - سَرِيْرٌ - كُرْسِيٌّ - جَرْوٌ

مَا - قَمِيْصٌ - نَجْمٌ - طَبِيْبٌ

وَلَدٌ - اَلْمَدْرَسَةُ الثَّانَوِيَةُ - اَلدَّوْلَةُ - رَجُلٌ

تَاجِرٌ - كَلْبٌ - قِطٌّ - حِمَارٌ - حِصَانٌ

دِيْكٌ - جَمَلٌ - مُدَرِّسٌ - مِنْدِيْلٌ - اِقْرَأْ

ذَلِكَ - إِمَامٌ - اَلرِّيَالُ - مَسْجِدٌ

مِنْ - مُدَرِّسٌ - حَجَرٌ - سُكَّرٌ - لَبَنٌ

اَلْمَاءُ - جَدِيْدٌ - اَلْجَدِيْدُ - وَسِخٌ

14

اَلْمُهَنْدِسُ - بَارْدٌ - حَارٌّ - اَلْقَمَرُ - بَعِيْدٌ

جَالِسٌ - وَاقِفٌ - نَظِيْفٌ - جَمِيْلٌ

مَفْتُوْحٌ - ثَقِيْلٌ - خَفِيْفٌ - اَلْوَرَقُ

مَكْسُوْرٌ - اَلطَّالِبُ - اَلْمُسْتَشْفَى

مَرِيْضٌ - لَذِيْذٌ - اَلْقَاهِرَةُ - اَلْوَزِيْرُ

اَلْمَكْتَبَةُ الْإِسْلَامِيَّةُ - تَمَارِيْن - اَلْكَلِمَةُ

اَلْكَلِمَاتُ - غَنِيٌّ - اَلْغَنِيُّ - طَوِيْلٌ

اَلْقَصِيْرُ - حُلْوٌ - اَلنَّاقَةُ - اَلدُّكَّانُ

اَلْيَدُ - اَلدِّيْكُ - اَلْأَخُ - اَلنَّبِيُّ - رُسُلٌ

اَلْوَجْهُ - اَلرَّسُوْلُ - اَلْأَصْدِقَاءُ - اَلْوَحِي

اَلزَّكَاةُ - اَلصَّلَاةُ - بنغلاديش - اَلْحَج

اَلصَّابُوْنُ - اَلْأَرْكَانُ - اَلْفَجَر - رَخِيْصٌ

السبورة - بَيْتُ اللّهِ - اَلسَّرِيْرُ - محمد

غرفة - الحمام - المطبخ - القرآن

الحنة - المؤذن - الساعة - اليوم

الأسبوع - يوم القيامة - أين - هاتف

الجامعة - الجامعات - الورق - الأوراق

الفصل - الشمس - السماء - المرحاض

المملكة - اليابان - الصين - الهند

المدير - المدرسة - المدرسة الحكومية

المدرسة الإسلامية - النار - هناك

دفتر - الصحابة - حقيبة - محمد

المدرسون - سرير - عم - خال - عمة

خالة - بعيد - الشجرة - نقود

العالم - الكعبة - اَلسَّلَامُ

جَامِعَةُ الْإِسْكَنْدَرِيَّةُ - صغير - فقير

الكلب - الكلاب - سورة - سور

المدينة المنورة - مغلق - الرسل - دكتور

الجامعات - العراق - الوزير - الإسم

الأسماء - الشارع - تحت - هنا - هناك

بنت - طبيبة - مكواة - دراجة

دراجة نارية - جديدة - ملعقة - قديمة

موسى - القدر - عيسى - الطفل

الفتى - الفلاح - مستشفى الولادة

الأذن - العين - الفم - تين - بنات

الأنف - الرجل - اليد - أخت - ديك

اللحم - الثلاجة - النافذة - القمر

المنافق - القهوة - الممرضة - البطة

الحديقة - فرنسا - المروحة - الكويت

الزميل - الزوج

تِمْثَالٌ - خلف - الفتيات - مُثَلَّثٌ

مِحْرَاثٌ - شيطان - بروفيسور - بيته

بيتهما - بيتهم

بيتها - بيتهما - بيتهن - هؤلاء

مدرس - مدرسة - مدرسات

طبيبة - طبيبات - كبيرة - كبار

النساء - زوج - زوجة - المائدة

سمكة - وسادة - ورد

العلماء - الدكتور - القوي - وزراء

المؤمنون - المحسنون - ضابط - شرطي

حوض - الشريعة - رأس - صندوق

سواس - الدستور - المؤسسة - الكعبة

قبلة المسلمين - المحكمة - السنة

حفيد - جد - الرحمن - الرحيم

الحديقة - يوم الجمعة - يوم الأحد

يوم السبت - أهلا وسهلا - الأطفال

حصان - خَيْل - لسان - هلال - حلال

حرام - أسنان - المطار الدولي - الكلية

كلية الشريعة بجامعة الإمام محمد

الرياض - الدراسات الإسلامية

الحفظ - اللغة العربية

مدرسة دار سيما للدراسات والبحوث

برنامج عالمي

شفاه الله - الأديان - دين الإسلام

يهودي - نصراني - مدينة - دكا

النهر - الفندق - الفنادق - إبراهيم

البحر - الشركة - جَامِعَةُ الْأَزْهَرِ

ذيل - فَخِذ - ظَرْفٌ - مِحْفَظَةٌ

لسان - ثلج - سيف - سيوف

Make a sentence below using some of these words. Ask your teacher to help. Memorise the sentence after it has been corrected along with the meaning.		
	Pegs	أوتاد
	Box	صندوق
	Bread	خبز
	He is a cook	هو طباخ
	Date Palm	النخلة
	Elephant	فيل
	Meat	لحم
	Arm	ذراع
	Fingers	أصابع

Make very small sentences with your teacher. Let your teacher check them and

then memorise the sentences with the meanings. You can use the words above

and include them in your sentences.

مدرسة دار سيما: المنهج الدراسي

تعليم اللغة العربية لغير الناطقين بها ١

دار سيما - الكلمات (كتاب ١)

Academic `alamiyyah

Arabic

Course

Arabic Curriculum - Level One - Module 1 (Vocabulary Retention)

تأليف: خادم الدين بن يونس السريع

Arabic Language Teaching & Learning for Non-Arabic Speaking Students

39

Private Education

(School & Education) Dār SEMA - Project *Currently Boys Only

Building Human Beings and Serving the Local Community

Unique/New Services for the Local Community

*alif baa taa *Juz Amma *Hifz of Quran *alamiyyah/daiyyah *Advanced Revision & Hifz Programme for New Hafiz/Huffaz *General Worldly Education *English *Translation Service

Current Options Available

- **Weekday Morning Islamic School** Boys Only
  (Government School Uniform Allowed)
- **Every Monday to Friday** ***Mornings***
- **Weekend Evening Islamic School**
- **Every Saturday or Sunday or Saturday & Sunday** ***Evenings***

Qualified Teachers (CELTA, BA, Masters, TAFL, Arabic Cert, Egypt, UK, 13 years of teaching & more)

Location of School: Private Education - 398 High Street North, Manor Park, London E12 6RH

07864666156 - 07497643823

7 Day Madrassah Available

Flexible Class Times Available for you

আপনার সন্তানের জন্য প্রাইভেট শিক্ষক খুঁজতেছেন ?
(School) Dār SEMA - Project * আপাতত শুধু ছেলেদের জন্য *

আপনার সন্তানের সফল ভবিষ্যতের জন্য, আপনার এলাকায় একটি নতুন পরিবেশনা।

* আলিফ বা স্বা * জুজ আম্মা * কুরআনের হিফজ * আলামিয়াহ / দাইয়াহ * নতুন হাফিজের জন্য রিভিশন * সাধারণ শিক্ষা * বিবাহ সেবা * ইংরেজি অনুবাদ *

বর্তমানে নিম্নলিখিত সময়সূচি থেকে আপনার পছন্দমতো সময় বেছে নিন।

উইকডে মর্নিং ইসলামিক স্কুল (সরকারী বিদ্যালয়ের ইউনিফর্ম অনুমোদিত)

***প্রতি সোমবার থেকে শুক্রবার সকাল ***

* সকাল ৬ টা-সকাল ৭:৩০ টা (দেড় ঘন্টা)

* সকাল ৬ টা-সকাল ৮টা (২ ঘন্টা)

* সকাল ৫:৩০ টা - সকাল ৭ টা (দেড় ঘন্টা)

* সকাল ৫:৩০টা - সকাল ৭:৩০ টা (২ ঘন্টা)

* সকাল ৫:৩০ টা - সকাল ৮ টা (আড়াই ঘন্টা)

উইকএন্ড সন্ধ্যা ইসলামিক স্কুল

*** প্রতি শনিবার বা রবিবার বা শনিবার ও রবিবার সন্ধ্যায় ***

* সন্ধ্যা ৫ টা-সন্ধ্যা ৮ টা (৩ ঘন্টা)

* সন্ধ্যা ৫ টা-সন্ধ্যা ৭:৩০ টা (আড়াই ঘন্টা)

* সন্ধ্যা ৫ টা-সন্ধ্যা ৭ টা (২ ঘন্টা)

অভিজ্ঞ শিক্ষক (CELTA, BA, Masters, TAFL, Arabic Cert Studied in Egypt, UK, 13 years of teaching experience) দ্বারা পড়ানো হবে।

ঠিকানা:

398 High Street North, Manor Park, London, E12 6RH.

যোগাযোগ করুন :

07864666156 - 07497643823

Printed in Great Britain
by Amazon